铁路青年职工
应知应会国家法律汇编学习大纲

《铁路青年职工应知应会国家法律汇编学习大纲》编委会　编著

中国铁道出版社有限公司
CHINA RAILWAY PUBLISHING HOUSE CO., LTD.

图书在版编目（CIP）数据

铁路青年职工应知应会国家法律汇编学习大纲 /《铁路青年职工应知应会国家法律汇编学习大纲》编委会编著. -- 北京：中国铁道出版社有限公司，2024. 12（2025. 12 重印）. -- ISBN 978-7-113-31713-3

Ⅰ. D920.9

中国国家版本馆 CIP 数据核字第 2024D18B49 号

书　　名：**铁路青年职工应知应会国家法律汇编学习大纲**
TIELU QINGNIAN ZHIGONG YINGZHI YINGHUI GUOJIA FALÜ HUIBIAN XUEXI DAGANG

作　　者：《铁路青年职工应知应会国家法律汇编学习大纲》编委会

责任编辑：张　彤　　**编辑部电话**：（010）51873179
封面设计：高博越
责任校对：刘　畅
责任印制：高春晓

出版发行：中国铁道出版社有限公司（100054，北京市西城区右安门西街 8 号）
网　　址：https://www.tdpress.com
印　　刷：北京联兴盛业印刷股份有限公司
版　　次：2024 年 12 月第 1 版　2025 年 12 月第 5 次印刷
开　　本：787 mm × 1 092 mm 1/16　**印张**：5.5　**字数**：78 千
书　　号：ISBN 978-7-113-31713-3
定　　价：36.00 元

编委会

出版说明

为聚焦提升铁路青年职工法治意识和法治素养，促进青年职工健康成长，中国国家铁路集团有限公司组织编写了《铁路青年职工应知应会国家法律汇编》（以下简称《汇编》），供青年职工学习使用。为帮助青年职工更好理解掌握应知应会内容，促进法律知识学习入脑入心、见行见效，我们立足每部法律法规特点，结合青年职工工作生活与成长成才实际，分析学法需求、梳理重点条文、提炼学习要点，形成了《铁路青年职工应知应会国家法律汇编学习大纲》（以下简称《学习大纲》）。

《学习大纲》由学习导读、内容概要、学习目标、学习要求和关联学法五部分组成,附法律全文及题库二维码并适时动态更新。《学习大纲》是《汇编》的配套读物，也是培训考试的专业教材。铁路青年职工根据要求，结合工作实际开展学习。

本书由中国国家铁路集团有限公司企业管理和法律事务部、全国铁道团委组织编写。田世刚、周红云、马臣琦、王全法、张美厚、刘胜先、麻艳龙同志负责本书的统筹指导，王聪同志负责本书的统稿工作，刘丽艳、王倩、王晗、王凡、刘伟、任永明、严琦、李芳、唐元林、李江斌等同志负责本书的审核把关。在本书的编写及出版过程中，沈阳、郑州、西安、南昌、广州、昆明局集团公司参与了编写工作，北京德恒律师事务所、北京市尚公律师事务所参与了审核校对。对以上单位及人员的大力支持和辛勤付出，在此一并致谢。

对于本书不足、疏漏之处，敬请读者指正。

《铁路青年职工应知应会
国家法律汇编学习大纲》编委会
2024 年 12 月

图书题库使用说明

为帮助广大读者更好地学习掌握相关法律知识，本书配备了各部法律专项练习题库，包括单选、多选、填空、判断、名词解释和简答题，并设置了考题解析、笔记、收藏等功能。具体使用说明如下。

1. 进入小程序。使用微信扫描下方小程序图标，访问中国铁道出版社有限公司 TD 铁考通小程序。

2. 绑定注册码。进入小程序后，点击首页“领取注册码”，扫描封面勒口处小程序注册码进行绑定。

3. 开始练习。点击程序首页左上角选择“青年职工”，开启专项练习。

题库小程序

目 录

宪法及宪法相关法

铁路相关法律

筑牢守法意识相关法律

促进依法办事相关法律

宪法及宪法相关法

扫码查阅法律全文

《中华人民共和国宪法》

学习导读

《中华人民共和国宪法》（以下简称宪法）于1982年公布，自1982年12月4日起施行，历经1988年、1993年、1999年、2004年、2018年修正。

宪法旨在以法律的形式确认中国各族人民奋斗的成果，规定国家的根本制度和根本任务，保障公民的基本权利和自由，推动依法治国，建设社会主义法治国家，维护国家主权、安全和发展利益。

内容概要

宪法由序言和正文组成。正文共4章、143条。各章分别为：总纲，公民的基本权利和义务，国家机构，国旗、国歌、国徽、首都。

学习目标

宪法是国家的根本法，具有最高的法律效力，是治国安邦的总章程，也是保持国家统一、民族团结、经济发展、社会进步和长治久安的法律基础。任何法律、法规都不得与宪法相抵触。铁路青年职工应重点掌握并正确运用相关条款，切实提升法治思维能力，必须以宪法为根本活动准则，并且负有维护宪法尊严、保证宪法实施的职责。要坚持贯彻依法治企的自觉性，营造办事依法、遇事找法、解决问题用法、化解矛盾靠法的法治环境，积极推进法治国铁建设。

学习要求

重点内容：全部章节条款。

关联学法

《中华人民共和国国旗法》
《中华人民共和国国徽法》
《中华人民共和国国歌法》
《中华人民共和国爱国主义教育法》

扫码查阅法律全文

《中华人民共和国国旗法》

学习导读

《中华人民共和国国旗法》（以下简称国旗法）于1990年公布，自1990年10月1日起施行，历经2009年、2020年修正。

国旗法旨在维护国旗的尊严，规范国旗的使用，增强公民的国家观念，弘扬爱国主义精神，培育和践行社会主义核心价值观。

内容概要

国旗法共24条。

学习目标

国旗法对国旗的使用和保护进行了规范，强化了国旗的尊严和地位。铁路青年职工应当重点掌握并正确运用相关条款，在升挂、使用、收回国旗时严格执行规定，尊重和爱护国旗，增强国家观念，弘扬爱国主义精神。

学习要求

重点内容：全部条款。

关联学法

《中华人民共和国宪法》

《中华人民共和国国徽法》

《中华人民共和国国歌法》

《中华人民共和国爱国主义教育法》

扫码查阅法律全文

《中华人民共和国国徽法》

学习导读

《中华人民共和国国徽法》（以下简称国徽法）于1991年公布，自1991年10月1日起施行，历经2009年、2020年修正。

国徽法旨在维护国徽的尊严，正确使用国徽，增强公民的国家观念，弘扬爱国主义精神，培育和践行社会主义核心价值观。

内容概要

国徽法共19条。

学习目标

国徽法规定了国徽的正确使用和管理。铁路青年职工应当重点掌握并正确运用相关条款，尊重和爱护国徽，增强国家观念，弘扬爱国主义精神。

学习要求

重点内容：全部条款。

关联学法

《中华人民共和国宪法》

《中华人民共和国国旗法》

《中华人民共和国国歌法》

《中华人民共和国爱国主义教育法》

扫码查阅法律全文

《中华人民共和国国歌法》

学习导读

《中华人民共和国国歌法》（以下简称国歌法）于2017年公布，自2017年10月1日起施行。

国歌法旨在维护国歌的尊严，规范国歌的奏唱、播放和使用，增强公民的国家观念，弘扬爱国主义精神，培育和践行社会主义核心价值观。

内容概要

国歌法共16条。

学习目标

国歌法规定了国歌的奏唱、播放和使用。铁路青年职工应当重点掌握并正确运用相关条款，规范国歌的奏唱、播放和使用，增强国家观念，弘扬爱国主义精神。

学习要求

重点内容：全部条款。

关联学法

《中华人民共和国宪法》

《中华人民共和国国旗法》

《中华人民共和国国徽法》

《中华人民共和国爱国主义教育法》

扫码查阅法律全文

《中华人民共和国国家安全法》

学习导读

《中华人民共和国国家安全法》(以下简称国家安全法)于2015年公布，自2015年7月1日起施行。

国家安全法旨在维护国家安全，保卫人民民主专政的政权和中国特色社会主义制度，保护人民的根本利益，保障改革开放和社会主义现代化建设的顺利进行，实现中华民族伟大复兴。

内容概要

国家安全法共7章、84条。各章分别为：总则，维护国家安全的任务，维护国家安全的职责，国家安全制度，国家安全保障，公民、组织的义务和权利，附则。

学习目标

国家安全法是维护国家安全、保障人民根本利益的重要法律依据。铁路青年职工应当重点掌握并正确运用相关条款，为维护国家安全、保卫人民民主专政的政权和中国特色社会主义制度贡献自己的力量。

学习要求

重点内容：第一章总则，第二章维护国家安全的任务，第六章公民、组织的义务和权利。

关联学法

《中华人民共和国反间谍法》

《中华人民共和国国家情报法》

《中华人民共和国保守国家秘密法》

《中华人民共和国反恐怖主义法》

《反间谍安全防范工作规定》

扫码查阅法律全文

《反分裂国家法》

学习导读

《反分裂国家法》于 2005 年公布，自 2005 年 3 月 14 日起施行。

《反分裂国家法》旨在反对和遏制“台独”分裂势力分裂国家，促进祖国和平统一，维护台湾海峡地区和平稳定，维护国家主权和领土完整，维护中华民族的根本利益。

内容概要

《反分裂国家法》共 10 条。

学习目标

《反分裂国家法》将中央关于解决台湾问题、反对分裂祖国的方针以法律的形式固定下来，是反对和遏制“台独”分裂势力分裂国家的重要法律依据。铁路青年职工应当重点掌握并正确运用相关条款，自觉维护国家主权和领土完整。

学习要求

重点内容：全部条款。

关联学法

《中华人民共和国宪法》

《中华人民共和国国家安全法》

《中华人民共和国反间谍法》

扫码查阅法律全文

《中华人民共和国爱国主义教育法》

学习导读

《中华人民共和国爱国主义教育法》（以下简称爱国主义教育法）于2023年公布，自2024年1月1日起施行。

爱国主义教育法旨在加强新时代爱国主义教育，传承和弘扬爱国主义精神，凝聚全面建设社会主义现代化国家、全面推进中华民族伟大复兴的磅礴力量。

内容概要

爱国主义教育法共5章、40条。各章分别为：总则，职责任务，实施措施，支持保障，附则。

学习目标

爱国主义教育法规定了爱国主义教育的主要内容，通过法治方式推动和保障新时代爱国主义教育，对振奋民族精神、凝聚民族力量，推动强国建设、民族复兴，具有十分重大而深远的意义。铁路青年职工应当重点掌握并正确运用相关条款，在工作生活中用实际行动弘扬爱国主义精神。

学习要求

重点内容：全部章节条款。

关联学法

《中华人民共和国宪法》

《中华人民共和国国家安全法》

铁路相关法律

扫码查阅法律全文

《中华人民共和国铁路法》

学习导读

《中华人民共和国铁路法》（以下简称铁路法）于1990年公布，自1991年5月1日起施行，历经2009年、2015年修正。

铁路法旨在保障铁路运输和铁路建设的顺利进行，适应社会主义现代化建设和人民生活的需要。

内容概要

铁路法共6章、74条。各章分别为：总则，铁路运输营业，铁路建设，铁路安全与保护，法律责任，附则。

学习目标

铁路法是保障铁路运输和铁路建设的重要法律依据。铁路青年职工应重点掌握并正确运用相关条款，坚持人民铁路为人民的服务宗旨，热爱铁路事业，自觉履行维护铁路安全义务，做好铁路运输服务及相关工作，做到文明礼貌、热情周到，提高运输服务质量，树立良好路风形象，展现铁路青年风采。

学习要求

重点内容：全部章节条款。

关联学法

《铁路安全管理条例》

《铁路交通事故应急救援和调查处理条例》

《铁路旅客运输规程》

《铁路货物运输规程》

铁路法相关司法解释

扫码查阅条例全文

《铁路安全管理条例》

学习导读

《铁路安全管理条例》（以下简称条例）于 2013 年公布，自 2014 年 1 月 1 日起施行。

条例旨在加强铁路安全管理，保障铁路运输安全和畅通，保护人身安全和财产安全。

内容概要

条例共 8 章、108 条。各章分别为：总则，铁路建设质量安全，铁路专用设备质量安全，铁路线路安全，铁路运营安全，监督检查，法律责任，附则。

学习目标

条例是加强铁路安全管理，保障铁路运输安全和畅通的重要行政法规。铁路青年职工应当重点掌握并正确运用相关条款，坚持安全第一、预防为主、综合治理的方针，在铁路建设、运输、设备维修等日常工作中严格执行规章制度，实行标准化作业，确保铁路线路、运营安全。

学习要求

重点内容：第一章总则，第四章铁路线路安全，第五章铁路运营安全。

关联学法

《中华人民共和国铁路法》

《中华人民共和国安全生产法》

《高速铁路安全防护管理办法》

《生产安全事故报告和调查处理条例》

《铁路交通事故应急救援和调查处理条例》

扫码查阅条例全文

《铁路交通事故应急救援和调查处理条例》

学习导读

《铁路交通事故应急救援和调查处理条例》（以下简称条例）于 2007 年公布，自 2007 年 9 月 1 日起施行，2012 年修订。

条例旨在加强铁路交通事故的应急救援工作，规范铁路交通事故调查处理，减少人员伤亡和财产损失，保障铁路运输安全和畅通。

内容概要

条例共 8 章、41 条。各章分别为：总则，事故等级，事故报告，事故应急救援，事故调查处理，事故赔偿，法律责任，附则。

学习目标

条例是加强铁路交通事故应急救援工作，规范铁路交通事故调查处理，保障铁路运输安全和畅通的重要行政法规。铁路青年职工应重点掌握并正确运用相关条款，在日常工作中落实铁路交通事故应急救援各项规定，配合做好事故的应急救援和调查处理工作，保障铁路运输安全和畅通。

学习要求

重点内容：第一章总则，第二章事故等级，第三章事故报告，第四章事故应急救援。

关联学法

《中华人民共和国铁路法》

《中华人民共和国安全生产法》

《铁路安全管理条例》

《高速铁路安全防护管理办法》

《生产安全事故报告和调查处理条例》

《铁路交通事故调查处理规则》

《铁路交通事故应急救援规则》

筑牢守法意识相关法律

扫码查阅法律全文

《中华人民共和国刑法》

学习导读

《中华人民共和国刑法》（以下简称刑法）于1979年公布，1997年修订，自1997年10月1日起施行，历经1998年、1999年、2001年（两次）、2002年、2005年、2006年、2009年、2011年、2015年、2017年、2020年、2023年修正。

刑法旨在惩罚犯罪，保护人民，用刑罚同一切犯罪行为作斗争，以保卫国家安全，保卫人民民主专政的政权和社会主义制度，保护国有财产和劳动群众集体所有的财产，保护公民私人所有的财产，保护公民的人身权利、民主权利和其他权利，维护社会秩序、经济秩序，保障社会主义建设事业的顺利进行。

内容概要

刑法共2编、452条。各编分别为：第一编总则（包括刑法的任务、基本原则和适用范围，犯罪，刑罚，刑罚的具体运用，其他规定）；第二编分则（包括危害国家安全罪，危害公共安全罪，破坏社会主义市场经济秩序罪，侵犯公民人身权利、民主权利罪，侵犯财产罪，妨害社会管理秩序罪，危害国防利益罪，贪污贿赂罪，渎职罪，军人违反职责罪）；以及附则。

学习目标

刑法是规定犯罪及其法律后果的重要法律依据。铁路青年职工应当重点掌握并正确运用相关条款，深化对犯罪的认知，增强刑事法律风险的防范意识，依法规范自身行为，远离违法犯罪。

学习要求

重点内容：第一编总则；第二编分则（包括第一章危害国家安全罪，第二章危害公共安全罪，第三章破坏社会主义经济秩序罪，第四章侵犯公民人身权利、民主权利罪，第五章侵犯财产罪，第八章贪污贿赂罪，第九章渎职罪）。

关联学法

《中华人民共和国治安管理处罚法》
《中华人民共和国刑事诉讼法》
《中华人民共和国国家安全法》
《中华人民共和国反电信网络诈骗法》
《中华人民共和国反有组织犯罪法》
《中华人民共和国反间谍法》
《中华人民共和国反恐怖主义法》
刑法相关司法解释

扫码查阅法律全文

《中华人民共和国反间谍法》

学习导读

《中华人民共和国反间谍法》（以下简称反间谍法）于2014年公布，2023年修订，自2023年7月1日起施行。

反间谍法旨在加强反间谍工作，防范、制止和惩治间谍行为，维护国家安全，保护人民利益。

内容概要

反间谍法共6章、71条。各章分别为：总则，安全防范，调查处置，保障与监督，法律责任，附则。

学习目标

反间谍法是防范、制止和惩治间谍行为，维护国家安全，保护人民利益的重要法律依据。铁路青年职工应当重点掌握并正确运用相关条款，重视反间谍工作，增强自我保护意识，提升对间谍行为的识别和防范能力，共同捍卫国家安全和利益。

学习要求

重点内容：第一章总则，第二章安全防范，第五章法律责任。

关联学法

《中华人民共和国国家安全法》

《中华人民共和国保守国家秘密法》

《中华人民共和国国家情报法》

《中华人民共和国反间谍法实施细则》

《反间谍安全防范工作规定》

《公民举报危害国家安全行为奖励办法》

扫码查阅法律全文

《中华人民共和国反有组织犯罪法》

学习导读

《中华人民共和国反有组织犯罪法》（以下简称反有组织犯罪法）于2021年公布，自2022年5月1日起施行。

反有组织犯罪法旨在预防和惩治有组织犯罪，加强和规范反有组织犯罪工作，维护国家安全、社会秩序、经济秩序，保护公民和组织的合法权益。

内容概要

反有组织犯罪法共9章、77条。各章分别为：总则，预防和治理，案件办理，涉案财产认定和处置，国家工作人员涉有组织犯罪的处理，国际合作，保障措施，法律责任，附则。

学习目标

反有组织犯罪法是我国第一部专门、系统、完备规范反有组织犯罪工作的法律，是常态化扫黑除恶斗争的法治保障，对确保人民安居乐业、社会安定有序、国家长治久安具有重要意义。铁路青年职工应当重点掌握并正确运用相关条款，依法规范自身行为，助力推动平安铁路建设，为国铁企业健康有序发展贡献力量。

学习要求

重点内容：第一章总则，第三章案件办理，第五章国家工作人员涉有组织犯罪的处理，第七章保障措施，第八章法律责任。

关联学法

《中华人民共和国刑法》

《中华人民共和国刑事诉讼法》

扫码查阅法律全文

《中华人民共和国反电信网络诈骗法》

学习导读

《中华人民共和国反电信网络诈骗法》(以下简称反电信网络诈骗法)于 2022 年公布，自 2022 年 12 月 1 日起施行。

反电信网络诈骗法旨在预防、遏制和惩治电信网络诈骗活动，加强反电信网络诈骗工作，保护公民和组织的合法权益，维护社会稳定和国家安全。

内容概要

反电信网络诈骗法共 7 章、50 条。各章分别为：总则，电信治理，金融治理，互联网治理，综合措施，法律责任，附则。

学习目标

电信网络诈骗犯罪活动形势严峻，新型诈骗手法层出不穷，令人防不胜防，严重危害人民群众财产安全。铁路青年职工应当重点掌握并正确运用相关条款，有效提升反诈意识和防范能力，谨防电信网络诈骗，维护自身合法权益。

学习要求

重点内容：第一章总则，第二章电信治理，第四章互联网治理，第五章综合措施，第六章法律责任。

关联学法

《中华人民共和国民法典》

《中华人民共和国刑法》

《中华人民共和国个人信息保护法》

《中华人民共和国网络安全法》

《中华人民共和国数据安全法》

《中华人民共和国治安管理处罚法》

★ 扫码查阅法律全文

《中华人民共和国保守国家秘密法》

学习导读

《中华人民共和国保守国家秘密法》（以下简称保守国家秘密法）于1988年公布，2010年、2024年修订，自2024年5月1日起施行。

保守国家秘密法旨在保守国家秘密，维护国家安全和利益，保障改革开放和社会主义现代化建设事业的顺利进行。

内容概要

保守国家秘密法共6章、65条。各章分别为：总则，国家秘密的范围和密级，保密制度，监督管理，法律责任，附则。

学习目标

保密工作历来是党和国家的一项重要工作，在我国革命、建设、改革各个历史时期，都发挥了不可替代的重要作用。保守国家秘密法是我国保密领域的基础性、综合性法律，直接关系到维护国家安全和利益，为做好新时代新征程保密工作提供了强有力的法治保障。保守国家秘密法规定了哪些信息应被视为国家秘密，以及这些秘密在何时、以何种方式可以被知悉，从而防止敏感信息被未经授权的人员获取或滥用。此外，保守国家秘密法还规定了保密义务和违反保密规定的法律责任，为打击泄露、窃取国家秘密的犯罪行为提供了法律依据。铁路青年职工应当重点掌握并正确运用相关条款，切实增强保密法治意识，牢固树立“保守国家秘密人人有责”的观念，防范违反保密规定的法律责任。

学习要求

重点内容：第一章总则，第二章国家秘密的范围和密级，第三章保密制度，第五章法律责任。

关联学法

《中华人民共和国宪法》

《中华人民共和国刑法》

《中华人民共和国国家安全法》

《中华人民共和国反间谍法》

《中华人民共和国网络安全法》

《中华人民共和国保守国家秘密法实施条例》

扫码查阅法律全文

《中华人民共和国治安管理处罚法》

学习导读

《中华人民共和国治安管理处罚法》（以下简称治安管理处罚法）于2005年公布，历经2012年修正，2025年修订，自2026年1月1日起施行。

治安管理处罚法旨在维护社会治安秩序，保障公共安全，保护公民、法人和其他组织的合法权益，规范和保障公安机关及其人民警察依法履行治安管理职责。

内容概要

治安管理处罚法共6章、144条。各章分别为：总则，处罚的种类和适用，违反治安管理的行为和处罚，处罚程序，执法监督，附则。

学习目标

治安管理处罚法是维护社会治安秩序，保障公共安全，保护公民、法人和其他组织的合法权益，规范和保障公安机关及其人民警察依法履行治安管理职责的重要法律依据。铁路青年职工应当重点掌握并正确运用相关条款，提高依法约束自身行为、保护自身合法权益的意识，自觉维护社会秩序，为构建和谐社会贡献自己的力量。

学习要求

重点内容：第二章处罚的种类和适用，第三章违反治安管理的行为和处罚。

关联学法

《中华人民共和国刑法》

《中华人民共和国行政处罚法》

《中华人民共和国行政强制法》

《中华人民共和国行政复议法》

《中华人民共和国行政诉讼法》

扫码查阅法律全文

《中华人民共和国反恐怖主义法》

学习导读

《中华人民共和国反恐怖主义法》（以下简称反恐怖主义法）于2015年公布，自2016年1月1日起施行，历经2018年修正。

反恐怖主义法旨在防范和惩治恐怖活动，加强反恐怖主义工作，维护国家安全、公共安全和人民生命财产安全。

内容概要

反恐怖主义法共10章、97条。各章分别为：总则，恐怖活动组织和人员的认定，安全防范，情报信息，调查，应对处置，国际合作，保障措施，法律责任，附则。

学习目标

反恐怖主义法是提高恐怖主义预防和应对能力，规范突发恐怖主义事件，保护人民生命财产安全的重要法律依据。铁路青年职工应当重点掌握并正确运用相关条款，为维护国家安全、公共安全和人民生命财产安全贡献自己的力量。

学习要求

重点内容：第一章总则，第二章恐怖活动组织和人员的认定，第三章安全防范，第四章情报信息。

关联学法

《中华人民共和国国家安全法》

《中华人民共和国刑法》

《中华人民共和国反间谍法》

《中华人民共和国保守国家秘密法》

扫码查阅法律全文

《中华人民共和国反洗钱法》

学习导读

《中华人民共和国反洗钱法》（以下简称反洗钱法）于2006年公布，2024年修订，自2025年1月1日起施行。

反洗钱法旨在预防洗钱活动，维护金融秩序，遏制洗钱犯罪及相关犯罪。

内容概要

反洗钱法共7章、65条。各章分别为：总则，反洗钱监督管理，反洗钱义务，反洗钱调查，反洗钱国际合作，法律责任，附则。

学习目标

反洗钱法是预防洗钱活动，遏制洗钱犯罪及相关犯罪，维护金融秩序的重要法律依据。加强反洗钱工作，有利于遏制和打击洗钱活动的上游违法犯罪活动，维护正常的社会秩序。铁路青年职工应当重点掌握并正确运用相关条款，在运输生产、经营管理等工作与日常生活中，遵守反洗钱法律法规，支持和配合反洗钱工作，保护好自身、家人和企业的财产安全。

学习要求

重点内容：第一章总则，第二章反洗钱监督管理，第六章法律责任。

关联学法

《中华人民共和国刑法》

《中华人民共和国反电信网络诈骗法》

《中华人民共和国治安管理处罚法》

扫码查阅法律全文

《中华人民共和国禁毒法》

学习导读

《中华人民共和国禁毒法》（以下简称禁毒法）于 2007 年公布，自 2008 年 6 月 1 日起施行。

禁毒法旨在预防和惩治毒品违法犯罪行为，保护公民身心健康，维护社会秩序，保障社会稳定。

内容概要

禁毒法共 7 章、71 条。各章分别为：总则，禁毒宣传教育，毒品管制，戒毒措施，禁毒国际合作，法律责任，附则。

学习目标

禁毒法是我国第一部全面规范禁毒工作的重要法律，进一步完善了预防和惩治毒品违法犯罪法律体系。铁路青年职工应当重点掌握并正确运用相关条款，提升识毒、拒毒、防毒能力，增强自觉抵制毒品的法治意识、防范意识，特别在安检查危、行包实名制寄递、易制毒化学品运输管控等关键环节扎实推进落实铁路禁毒措施，有效切断毒品运输通道，推动铁路禁毒工作高质量开展。

学习要求

重点内容：第一章总则，第二章禁毒宣传教育，第三章毒品管制，第四章戒毒措施，第六章法律责任。

关联学法

《中华人民共和国刑法》

《中华人民共和国治安管理处罚法》

《戒毒条例》

促进依法办事相关法律

扫码查阅法律全文

《中华人民共和国民法典》

学习导读

《中华人民共和国民法典》（以下简称民法典）于2020年公布，自2021年1月1日起施行。

民法典旨在保护民事主体的合法权益，调整民事关系，维护社会和经济秩序，适应中国特色社会主义发展要求，弘扬社会主义核心价值观。

内容概要

民法典共7编、1260条。各编分别为：第一编总则（包括第一分编通则，第二分编所有权，第三分编用益物权，第四分编担保物权，第五分编占有）；第二编物权；第三编合同（第一分编通则，第二分编典型合同，第三分编准合同）；第四编人格权；第五编婚姻家庭；第六编继承；第七编侵权责任；以及附则。

学习目标

民法典是规范民事活动、保障民事主体合法权益的重要法律依据，涉及自然人、法人和非法人组织在工作和日常生活中的方方面面。铁路青年职工应当重点掌握并正确运用相关条款，强化民事权利保护意识，掌握民事责任的界定和承担，促进民事纠纷合理解决，依法开展民事活动。

学习要求

重点内容：全部章节条款。

关联学法

《中华人民共和国民事诉讼法》

民法典相关司法解释

扫码查阅法律全文

《中华人民共和国安全生产法》

学习导读

《中华人民共和国安全生产法》(以下简称安全生产法)于2002年公布,自2002年11月1日起施行,历经2009年、2014年、2021年修正。

安全生产法旨在加强安全生产工作,防止和减少生产安全事故,保障人民群众生命和财产安全,促进经济社会持续健康发展。

内容概要

安全生产法共7章、119条。各章分别为:总则,生产经营单位的安全生产保障,从业人员的安全生产权利义务,安全生产的监督管理,生产安全事故的应急救援与调查处理,法律责任,附则。

学习目标

安全生产法对安全生产领域的基本法律制度作出了规定。铁路青年职工应当重点掌握并正确运用相关条款,在安全管理、运输生产、铁路建设、经营管理等工作中,提升安全生产和应急处置能力,有效防范或者减少安全生产事故的发生,为国铁企业安全和高质量发展贡献力量。

学习要求

重点内容：第一章总则，第二章生产经营单位的安全生产保障，第三章从业人员的安全生产权利义务，第六章法律责任，第七章附则。

关联学法

《中华人民共和国民法典》

《中华人民共和国刑法》

《中华人民共和国治安管理处罚法》

《中华人民共和国消防法》

《中华人民共和国特种设备安全法》

《铁路安全管理条例》

《生产安全事故应急条例》

《生产安全事故报告和调查处理条例》

扫码查阅法律全文

《中华人民共和国消防法》

学习导读

《中华人民共和国消防法》（以下简称消防法）于1998年公布，2008年修订，自2009年5月1日起施行，历经2019年、2021年修正。

消防法旨在预防火灾和减少火灾危害，加强应急救援工作，保护人身、财产安全，维护公共安全。

内容概要

消防法共7章、74条。各章分别为：总则，火灾预防，消防组织，灭火救援，监督检查，法律责任，附则。

学习目标

消防法是预防火灾和减少火灾危害，加强应急救援工作，保护人身、财产安全，维护公共安全的重要法律依据。铁路青年职工应当重点掌握并正确运用相关条款，不断增强消防法治观念，提高消防安全意识和应急处置能力，筑牢安全防线。

学习要求

重点内容：第一章总则，第二章火灾预防，第六章法律责任。

关联学法

《中华人民共和国安全生产法》

《火灾事故调查规定》

《消防监督检查规定》

《机关、团体、企业、事业单位消防安全管理规定》

扫码查阅法律全文

《中华人民共和国道路交通安全法》

学习导读

《中华人民共和国道路交通安全法》(以下简称道路交通安全法)于2003年公布,自2004年5月1日起施行,历经2007年、2011年、2021年修正。

道路交通安全法旨在维护道路交通秩序,预防和减少交通事故,保护人身安全,保护公民、法人和其他组织的财产安全及其他合法权益,提高通行效率。

内容概要

道路交通安全法共8章、124条。各章分别为:总则,车辆和驾驶人,道路通行条件,道路通行规定,交通事故处理,执法监督,法律责任,附则。

学习目标

道路交通安全法对于保护人身安全和财产安全具有重要意义。铁路青年职工应当重点掌握并正确运用相关条款,学习交通规则,了解交通违法行为的具体表现和法律后果,做到文明驾驶、安全出行,保护自身和他人的生命财产安全。

学习要求

重点内容：第一章总则，第二章车辆和驾驶人，第三章道路通行条件，第四章道路通行规定，第五章交通事故处理，第七章法律责任。

关联学法

《中华人民共和国民法典》

《中华人民共和国治安管理处罚法》

《中华人民共和国道路交通安全法实施条例》

扫码查阅法律全文

《中华人民共和国网络安全法》

学习导读

《中华人民共和国网络安全法》（以下简称网络安全法）于 2016 年公布，自 2017 年 6 月 1 日起施行。

网络安全法旨在保障网络安全，维护网络空间主权和国家安全、社会公共利益，保护公民、法人和其他组织的合法权益，促进经济社会信息化健康发展。

内容概要

网络安全法共 7 章、79 条。各章分别为：总则，网络安全支持与促进，网络运行安全，网络信息安全，监测预警与应急处置，法律责任，附则。

学习目标

网络空间已经成为第五大主权领域空间，网络安全法的施行，对于维护网络运行安全、保障网络信息安全具有基础性、全局性意义，为营造更加良好的互联网氛围奠定了坚实的法律基础。铁路青年职工应当重点掌握并正确运用相关条款，增强网络安全意识，培养良好的网络安全习惯，提升应对网络风险的能力。

学习要求

重点内容：全部章节条款。

关联学法

《中华人民共和国国家安全法》

《中华人民共和国数据安全法》

《中华人民共和国保守国家秘密法》

《中华人民共和国反间谍法》

《中华人民共和国个人信息保护法》

扫码查阅法律全文

《中华人民共和国消费者权益保护法》

学习导读

《中华人民共和国消费者权益保护法》(以下简称消费者权益保护法)于1993年公布,自1994年1月1日起施行,历经2009年、2013年修正。

消费者权益保护法旨在保护消费者的合法权益,维护社会经济秩序,促进社会主义市场经济健康发展。

内容概要

消费者权益保护法共8章、63条。各章分别为:总则,消费者的权利,经营者的义务,国家对消费者合法权益的保护,消费者组织,争议的解决,法律责任,附则。

学习目标

保护消费者权益有助于提升消费者信心,促进消费,从而推动经济发展。铁路青年职工应当重点掌握并正确运用相关条款,了解法律赋予消费者的基本权利,知晓经营者的法定义务和应当承担的法律责任。作为消费者,当自身合法权益受到侵害时,能够及时运用法律手段解决纠纷,在依法维权的同时,维护好市场经济秩序,推动公平交易。

学习要求

重点内容：第一章总则，第二章消费者的权利，第三章经营者的义务，第五章消费者组织，第六章争议的解决，第七章法律责任。

关联学法

《中华人民共和国民法典》
《中华人民共和国产品质量法》
《中华人民共和国食品安全法》
《中华人民共和国价格法》
《中华人民共和国行政处罚法》
《中华人民共和国消费者权益保护法实施条例》

扫码查阅法律全文

《中华人民共和国公司法》

学习导读

《中华人民共和国公司法》（以下简称公司法）于1993年公布，历经1999年、2004年修正，2005年修订，2013年、2018年修正，2023年修订，自2024年7月1日起施行。

公司法旨在规范公司的组织和行为，保护公司、股东、职工和债权人的合法权益，完善中国特色现代企业制度，弘扬企业家精神，维护社会经济秩序，促进社会主义市场经济的发展。

内容概要

公司法共15章、266条。各章分别为：总则，公司登记，有限公司的设立和组织机构，有限责任公司的股权转让，股份有限公司的设立和组织机构，股份有限公司的股份发行和转让，国家出资公司组织机构的特别规定，公司董事、监事、高级管理人员的资格和义务，公司债券，公司财务、会计，公司合并、分立、增资、减资，公司解散和清算，外国公司的分支机构，法律责任，附则。

学习目标

公司法是规范公司的组织和行为、保障企业合法权益的重要法律依据。铁路青年职工应当重点掌握并正确运用相关条款，自觉遵守公司法各项规定，并将其充分运用到岗位实践中，助力推动国铁企业高质量发展。

学习要求

重点内容：第一章总则，第二章公司登记，第三章有限公司的设立和组织机构，第五章股份有限公司的设立和组织机构，第八章公司董事、监事、高级管理人员的资格和义务，第十一章公司合并、分立、增资、减资，第十五章附则。

关联学法

《中华人民共和国民法典》

《中华人民共和国证券法》

《中华人民共和国企业破产法》

《中华人民共和国市场主体登记管理条例》

《企业名称登记管理规定》

《国务院关于实施〈中华人民共和国公司法〉注册资本登记管理制度的规定》

公司法相关司法解释

扫码查阅法律全文

《中华人民共和国劳动法》

学习导读

《中华人民共和国劳动法》（以下简称劳动法）于1994年公布，自1995年1月1日起施行，历经2009年、2018年修正。

劳动法旨在保护劳动者的合法权益，调整劳动关系，建立和维护适应社会主义市场经济的劳动制度，促进经济发展和社会进步。

内容概要

劳动法共13章、107条。各章分别为：总则，促进就业，劳动合同和集体合同，工作时间和休息休假，工资，劳动安全卫生，女职工和未成年工特殊保护，职业培训，社会保险和福利，劳动争议，监督检查，法律责任，附则。

学习目标

劳动法是规范劳动关系、保障劳动者合法权益的重要法律依据。铁路青年职工应当重点掌握并正确运用相关条款，在铁路现代化建设工作中担当作为，为推动国铁企业高质量发展贡献青春力量。

学习要求

重点内容：第一章总则，第三章劳动合同和集体合同，第四章工作时间和休息休假，第五章工资，第六章劳动安全卫生，第八章职业培训，第九章社会保险和福利。

关联学法

《中华人民共和国民法典》
《中华人民共和国劳动合同法》
《中华人民共和国社会保险法》
《中华人民共和国劳动争议调解仲裁法》
《中华人民共和国妇女权益保障法》
《中华人民共和国职业病防治法》
《中华人民共和国劳动合同法实施条例》
《中华人民共和国劳动保险条例》
《职工带薪年休假条例》
《失业保险条例》
《工伤保险条例》
《社会保险费征缴暂行条例》

扫码查阅法律全文

《中华人民共和国劳动合同法》

学习导读

《中华人民共和国劳动合同法》（以下简称劳动合同法）于 2007 年公布，自 2008 年 1 月 1 日起施行，历经 2012 年修正。

劳动合同法旨在完善劳动合同制度，明确劳动合同双方当事人的权利和义务，保护劳动者的合法权益，构建和发展和谐稳定的劳动关系。

内容概要

劳动合同法共 8 章、98 条。各章分别为：总则，劳动合同的订立，劳动合同的履行和变更，劳动合同的解除和终止，特别规定，监督检查，法律责任，附则。

学习目标

劳动合同法是规范劳动合同关系、保障劳动者合法权益的重要法律依据。铁路青年职工应当重点掌握并正确运用相关条款，将劳动知识应用到日常生产经营工作中，深入开展法治宣传教育，打造青年职工成长成才与国铁企业高质量发展的命运共同体。

学习要求

重点内容：第一章总则，第二章劳动合同的订立，第三章劳动合同的履行和变更，第四章劳动合同的解除和终止。

关联学法

《中华人民共和国劳动法》

《中华人民共和国工会法》

《中华人民共和国社会保险法》

《中华人民共和国劳动争议调解仲裁法》

《中华人民共和国劳动合同法实施条例》

《中华人民共和国劳动保险条例》

《失业保险条例》

《职工带薪年休假条例》

《工伤保险条例》

扫码查阅法律全文

《中华人民共和国个人信息保护法》

学习导读

《中华人民共和国个人信息保护法》(以下简称个人信息保护法)于2021年公布，自2021年11月1日起施行。

个人信息保护法旨在保护个人信息权益，规范个人信息处理活动，促进个人信息合理利用。

内容概要

个人信息保护法共8章、74条。各章分别为:总则，个人信息处理规则，个人信息跨境提供的规则，个人在个人信息处理活动中的权利，个人信息处理者的义务，履行个人信息保护职责的部门，法律责任，附则。

学习目标

个人信息保护法是规范个人信息处理活动，促进个人信息合理利用，维护网络空间信息秩序，保障个人利益和社会公共利益的重要法律依据。铁路青年职工应当重点掌握并正确运用相关条款，明确知晓敏感个人信息的处理规则和侵犯个人信息导致的民事责任、行政责任和刑事责任，保护个人信息安全，远离违法犯罪。

学习要求

重点内容：第一章总则，第二章个人信息处理规则，第四章个人在个人信息处理活动中的权利，第五章个人信息处理者的义务，第七章法律责任。

关联学法

《中华人民共和国民法典》
《中华人民共和国行政处罚法》
《中华人民共和国国家安全法》
《中华人民共和国网络安全法》
《中华人民共和国数据安全法》
《中华人民共和国电子商务法》
《中华人民共和国档案法》

扫码查阅法律全文

《中华人民共和国个人所得税法》

学习导读

《中华人民共和国个人所得税法》(以下简称个人所得税法)于1980年公布,自1980年9月10日起施行,历经1993年、1999年、2005年、2007年、2011年、2018年修正。

个人所得税法旨在科学规范居民个人所得税缴纳,对完善现行税制、调节收入分配具有重要作用,是个人所得税相关事项的重要法律依据。

内容概要

个人所得税法共22条。

学习目标

个人所得税法对居民个人所得税缴纳、税率、税额等相关内容作出了基本规定。铁路青年职工应当重点掌握并正确运用相关条款,提高纳税意识,充分重视纳税申报、汇算及税务筹划,既充分获取个税改革红利,又高度重视个人所得税税收法律风险防范。

学习要求

重点内容：全部条款。

关联学法

《中华人民共和国税收征收管理法》

《中华人民共和国个人所得税法实施条例》

扫码查阅法律全文

《中华人民共和国职业教育法》

学习导读

《中华人民共和国职业教育法》（以下简称职业教育法）于 1996 年公布，2022 年修订，自 2022 年 5 月 1 日起施行。

职业教育法旨在推动职业教育高质量发展，提高劳动者素质和技术技能水平，促进就业创业，建设教育强国、人力资源强国和技能型社会，推进社会主义现代化建设。

内容概要

职业教育法共 8 章、69 条。各章分别为：总则，职业教育体系，职业教育的实施，职业学校和职业培训机构，职业教育的教师与受教育者，职业教育的保障，法律责任，附则。

学习目标

职业教育法是国民教育体系和人力资源开发的重要组成部分，是推动职业教育高质量发展，提高劳动者素质和技术技能水平的重要法律依据。铁路青年职工应当重点掌握并正确运用相关条款，在安全管理、运输生产、铁路建设、经营管理等工作中，用好企业职业教育制度，不断提高自身技能水平和劳动素养。

学习要求

重点内容:第一章总则，第二章职业教育体系，第三章职业教育的实施，第六章职业教育的保障，第七章法律责任。

关联学法

《中华人民共和国教育法》

《中华人民共和国劳动法》

扫码查阅法律全文

《中华人民共和国家庭教育促进法》

学习导读

《中华人民共和国家庭教育促进法》(以下简称家庭教育促进法)于2021年公布，自2022年1月1日起施行。

家庭教育促进法旨在发扬中华民族重视家庭教育的优良传统，引导全社会注重家庭、家教、家风，增进家庭幸福与社会和谐，培养德智体美劳全面发展的社会主义建设者和接班人。

内容概要

家庭教育促进法共6章、55条。各章分别为:总则,家庭责任,国家支持,社会协同，法律责任，附则。

学习目标

家庭教育促进法是我国首次把家庭教育提升到国家法律层面，增强了社会家庭教育意识，有力推动家庭教育的开展。铁路青年职工应当重点掌握并正确运用相关条款，提升家长意识，履行家庭责任，注重家庭、家教、家风，增进家庭幸福与社会和谐。

学习要求

重点内容：第一章总则，第二章家庭责任，第五章法律责任。

关联学法

《中华人民共和国民法典》

《中华人民共和国教育法》

《中华人民共和国未成年人保护法》

扫码查阅法律全文

《中华人民共和国反家庭暴力法》

学习导读

《中华人民共和国反家庭暴力法》(以下简称反家庭暴力法)于2015年公布,自2016年3月1日起施行。

反家庭暴力法旨在预防和制止家庭暴力,保护家庭成员的合法权益,维护平等、和睦、文明的家庭关系,促进家庭和谐、社会稳定。

内容概要

反家庭暴力法共6章、38条。各章分别为:总则,家庭暴力的预防,家庭暴力的处置,人身安全保护令,法律责任,附则。

学习目标

反家庭暴力法是我国反家庭暴力的重要法律依据,其构建了多部门、多机构合作的反家庭暴力机制,明确反家庭暴力是国家、社会和家庭的共同责任。铁路青年职工应当重点掌握并正确运用相关条款,正确认识家庭暴力的危害,在家庭和社会中发挥积极作用,为营造和谐、安全的家庭和社会环境贡献力量。

学习要求

重点内容：全部章节条款。

关联学法

《中华人民共和国民法典》

《中华人民共和国刑法》

《中华人民共和国治安管理处罚法》

《中华人民共和国妇女权益保障法》

《中华人民共和国未成人保护法》

扫码查阅法律全文

《中华人民共和国民事诉讼法》

学习导读

《中华人民共和国民事诉讼法》(以下简称民事诉讼法)于 1991 年公布，自 1991 年 4 月 9 日起施行，历经 2007 年、2012 年、2017 年、2021 年、2023 年修正。

民事诉讼法旨在保护当事人行使诉讼权利，保证人民法院查明事实，分清是非，正确适用法律，及时审理民事案件，确认民事权利义务关系，制裁民事违法行为，保护当事人的合法权益，教育公民自觉遵守法律，维护社会秩序、经济秩序，保障社会主义建设事业顺利进行。

内容概要

民事诉讼法共 4 编、306 条。各编分别为：第一编总则(包括任务、适用范围和基本原则，管辖，审判组织，回避，诉讼参加人，证据，期间、送达，调解，保全和先予执行，对妨害民事诉讼的强制措施，诉讼费用)；第二编审判程序(包括第一审普通程序，简易程序，第二审程序，特别程序，审判监督程序，督促程序，公示催告程序)；第三编执行程序(包括一般规定，执行的申请和移送，执行措施，执行中止和终结)；第四编涉外民事诉讼程序的特别规定(包括一般原则，管辖，送达、调查取证、期间，仲裁，司法协助)。

学习目标

民事诉讼法是我国最重要的程序法之一，是保障民事法律有效实施的重要法律依据，对于保证人民法院查明事实，保护当事人合法权益，保障社会主义建设事业顺利进行具有重要意义。铁路青年职工应当重点掌握并正确运用相关条款，熟悉民事诉讼完整流程及管辖、证据、审判程序等基本制度，维护自身合法权益。

学习要求

重点内容：第一编总则（包括任务、适用范围和基本原则，管辖，诉讼参加人，证据）；第二编审判程序（包括第一审普通程序，简易程序，第二审程序）。

关联学法

《中华人民共和国民法典》

民事诉讼法相关司法解释

扫码查阅法律全文

《志愿服务条例》

学习导读

《志愿服务条例》（以下简称条例）于 2017 年公布，自 2017 年 12 月 1 日起施行。

条例旨在保障志愿者、志愿服务组织、志愿服务对象的合法权益，鼓励和规范志愿服务，发展志愿服务事业，培育和践行社会主义核心价值观，促进社会文明进步。

内容概要

条例共 6 章、44 条。各章分别为：总则，志愿者和志愿服务组织，志愿服务活动，促进措施，法律责任，附则。

学习目标

志愿服务是现代社会文明进步的重要标志，是加强精神文明建设、培育和践行社会主义核心价值观的重要内容。条例明确了志愿服务管理架构，对志愿者和志愿服务组织的权利及义务作出要求，为志愿服务提供了法律保障。铁路青年职工应当重点掌握并正确运用相关条款，在铁路运输、安全管理等工作中积极参与形式多样的志愿服务活动。

学习要求

重点内容：第一章总则，第二章志愿者和志愿服务组织，第三章志愿服务活动。

关联学法

《中华人民共和国民法典》

《中华人民共和国治安管理处罚法》